COURS COMPLET

D'HARMONIE

THÉORIQUE ET PRATIQUE.

PAR

AUGUSTIN SAVARD,

Professeur au Conservatoire impérial de Musique.

Ouvrage adopté pour servir à l'Enseignement

AU CONSERVATOIRE IMPÉRIAL DE MUSIQUE

ET AU GYMNASE MUSICAL MILITAIRE,

TOME DEUXIÈME.

PARIS.

J. MAHO, ÉDITEUR DE MUSIQUE,

PASSAGE JOUFFROY, 10.

1853

COURS COMPLET

D'HARMONIE

THÉORIQUE ET PRATIQUE.

II

COURS COMPLET

D'HARMONIE

THÉORIQUE ET PRATIQUE.

PAR

AUGUSTIN SAVARD,

Professeur au Conservatoire impérial de Musique.

Ouvrage adopté pour servir à l'Enseignement

AU CONSERVATOIRE IMPÉRIAL DE MUSIQUE

ET AU GYMNASE MUSICAL MILITAIRE.

TOME SECOND.

PARIS.

MAHO, ÉDITEUR DE MUSIQUE,

PASSAGE JOUFFROY, 10.

—

1853

LEÇONS
du
COURS D'HARMONIE.

PREMIÈRE PARTIE

HARMONIE CONSONNANTE.

ACCORDS PARFAITS MAJEURS ET MINEURS,
ACCORD DE QUINTE DIMINUÉE.

Leçons pour apprendre à distinguer et à chiffrer ces différents accords.

LEÇONS POUR APPRENDRE À RÉALISER L'HARMONIE.

Réalisation pour le Piano.

N.º 8.

Réalisation pour le Piano.

N.º 9.

L'on pourra se contenter d'écrire ces leçons dans une seule position mais on devra les jouer dans les trois positions et les transposer dans différents tons.

Réalisation pour les Voix.

N.º 8 bis.

Réalisation pour les Voix.

N.º 9 bis.

LEÇONS POUR L'EMPLOI DES ACCORDS PARFAITS MAJ.[rs] ET MIN.[rs],
DE L'ACCORD DE QUINTE DIMINUÉE ET DE LEURS RENVERSEMENTS.

N.º 10.

N.º 11.

N.° 12.

LEÇONS POUR L'EMPLOI DES CADENCES HARMONIQUES.

N.° 13.

Cad: rompue
Cad: évitée
Cad: évitée
Cad: évitée
Cad: évitée
Cad: évit:
Cad: parf:
Cad: parf:
Cad: suspendue
sur la domin:
Cad: rompue
Cad: plagale
Cad: plag:
Cad: suspendue sur la médiante
Cad parf
Cad plagale

N.° 14.

(*) L'intervalle augmenté est ici tolérable à cause de la marche régulière et uniforme des parties. (Voir tome 1ᵉʳ § 299)

LEÇONS POUR L'EMPLOI DE LA MODULATION AUX TONS RELATIFS.

Nº 15.

FA maj:
LA min:
UT maj:

SOL maj:
UT maj:

N.º 16.

LA min:
UT maj:

SOL maj:
UT maj:
RÉ maj:

RÉ min:
LA min:
MI min:
UT maj:
LA min:
FA maj:
LA min:

LEÇON POUR L'EMPLOI DE LA MODULATION AUX TONS ÉLOIGNÉS.

N.º 17.

(*) Pour faciliter l'exécution de ce passage, il faudrait l'écrire de la manière suivante : etc.

(*) Pour la facilité de l'exécution il faudrait écrire sur le second temps de cette mesure, l'accord de
Sol ♯ mineur.

LEÇON POUR L'EMPLOI DE LA MODULATION COMPOSÉE.

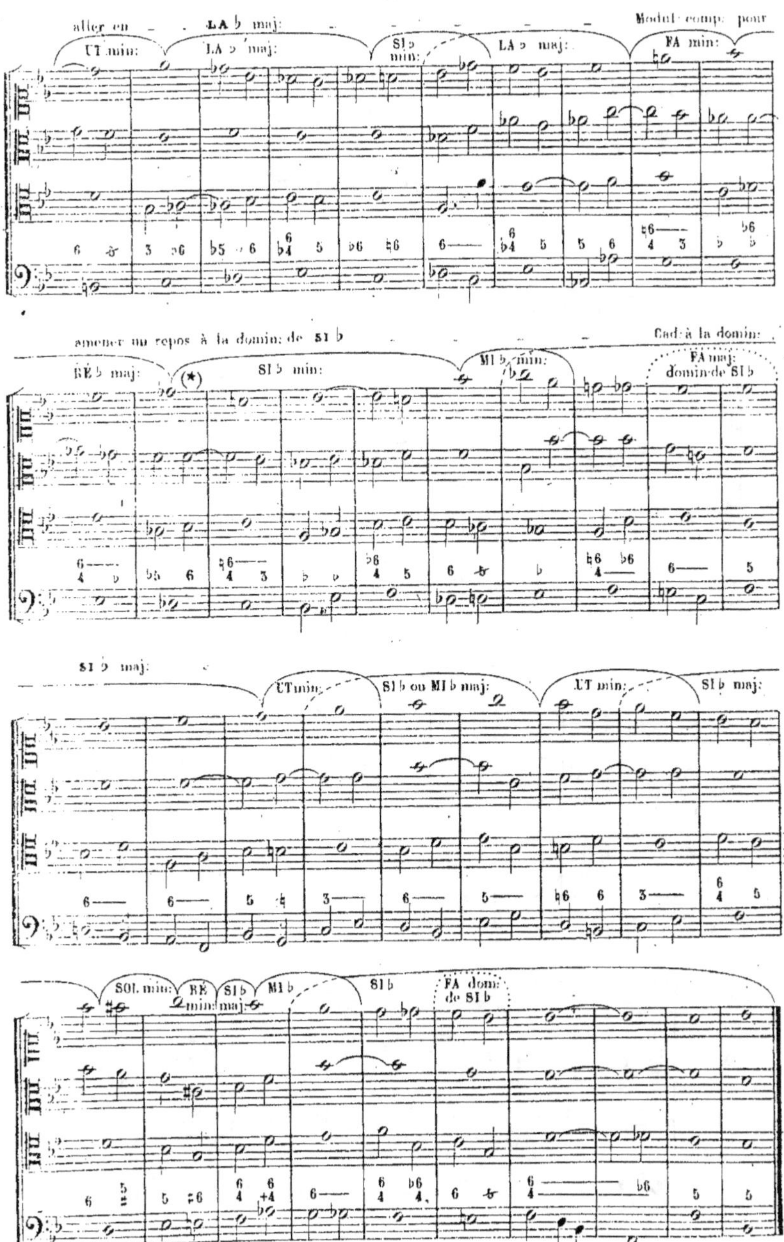

(*) Cet intervalle de *Quarte diminuée* est ici praticable à cause du mouvement uniforme de la mélodie. (Voir tome 1ᵉʳ §299)

MARCHES EN HARMONIE CONSONNANTE.

MARCHES UNITONIQUES.

La même avec des Notes de passage.

(*) Cette partie de Soprano est trop grave en commençant; nous l'avons écrite ainsi dans cet exemple, pour ne pas interrompre l'uniformité de la progression, mais dans la pratique, l'on devra éviter de sortir du diapason des voix.

La même marche à Trois parties.

Avec des Notes de passage.

La manière la plus simple et la plus facile de réaliser l'harmonie de cette marche, est la suivante:

à Trois parties.

La même marche à Quatre parties.

Autre disposition des parties.

C

à Trois parties.

à Quatre parties.

D

à Trois parties.

à Quatre parties.

La même avec des Notes de passage.

Avec des Notes de passage.

à Trois parties.

De même que pour la marche ascendante de *sixtes diatoniques* (B), la manière la plus simple de réaliser l'harmonie de celle-ci, est à trois parties seu-
lement, comme il suit:

La même marche à Quatre parties.

Avec des Notes de passage.

Avec des Notes de passage.

La même marche à Trois parties.

Avec des Notes de passage.

Avec des Notes de passage.

La même marche à Trois parties.

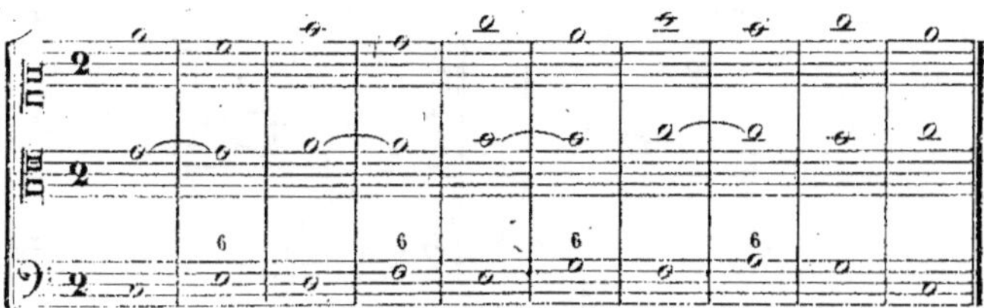

Avec des Notes de passage.

La même marche à Trois parties.

Avec des Notes de passage.

On peut y introduire des notes de passage comme dans les exemples précédents.

La même marche à Trois parties.

Avec des Notes de passage.

I.

à Trois parties.

Avec des Notes de passage.
etc.

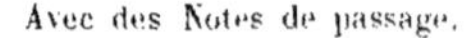
Même suite avec une autre disposition.
M

à Cinq parties.

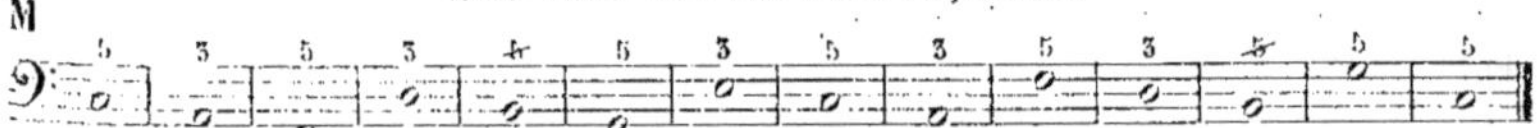

La même marche à Trois temps.

à Quatre parties.

à Trois parties.

à Trois parties.

à Quatre parties.

Il est facile d'introduire des notes de passage dans ces marches, comme il a été fait pour les marches précédentes.

Avec des Notes de passage.

à Trois parties.

Avec des Notes de passage.

Avec des Notes de passage.

à Trois parties.

Avec des Notes de passage.

ou bien:

à Trois parties.

à Quatre parties.

Autre manière d'écrire cette marche.

ou bien:

etc.

Ces marches peuvent facilement s'écrire à un plus grand nombre de parties.

à Cinq parties

à Six parties.

etc.

à Sept parties.

L'on peut varier ces marches en y introduisant des notes de passage.

S
à Trois parties.
à Quatre parties.
Avec des Notes de passage.
T
à Quatre parties.

à Cinq parties.

Avec des Notes de passage.

etc.   etc.

La même marche à Trois parties.

Avec des Notes de passage Diatoniques et Chromatiques.

Avec des Notes de passage.

La même marche à Trois parties.

Avec des Notes de passage.

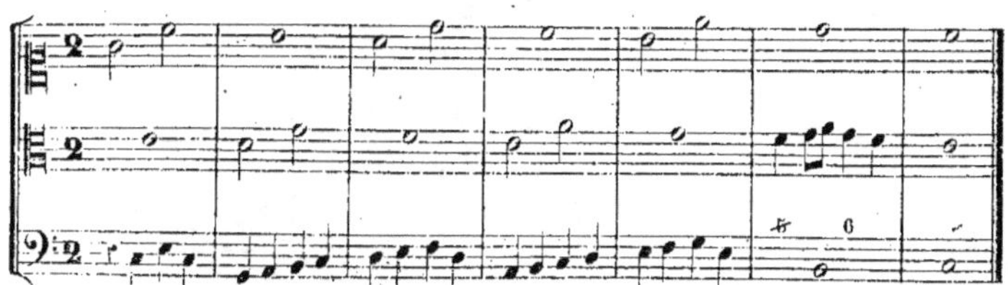

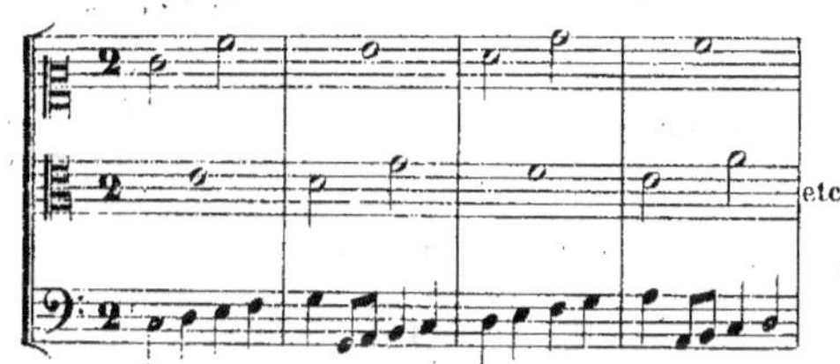

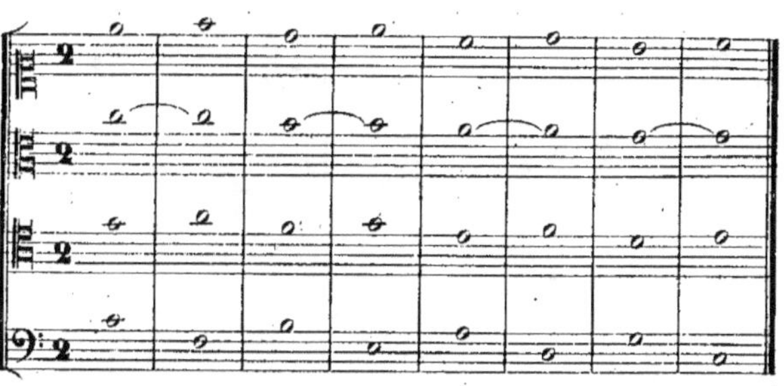

Avec des Notes de passage.

etc.

La même marche à Trois parties.

à Cinq parties.

à Six parties.

etc.

à Sept parties.

etc.

à Huit parties.

LEÇONS SUR LES MARCHES UNITONIQUES.

N.º 19.

Avec des Notes de passage.

N.º 19 bis.

N.º 20.

H
T
V
U

Avec des Notes de passage.

N.º 20 bis.

MARCHES MODULANTES.

On pourra varier ces marches au moyen des notes de passage, comme on l'a fait pour les marches *unitoniques*.

EXEMPLES.

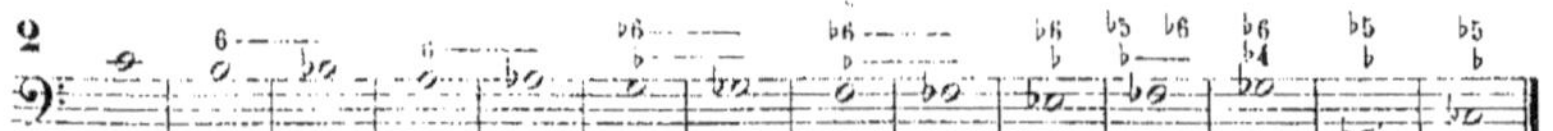

Variation de la Marche précédente.

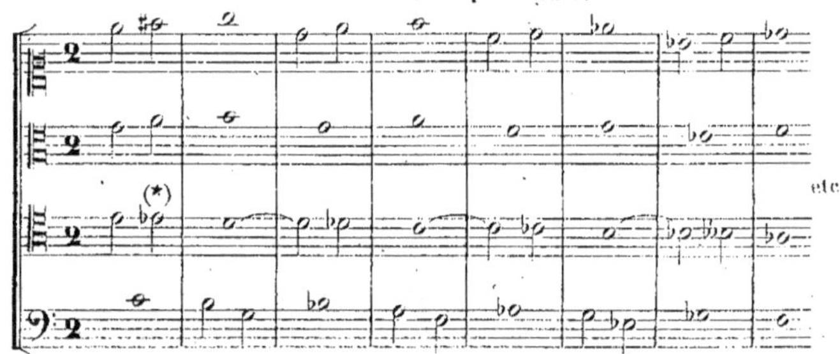

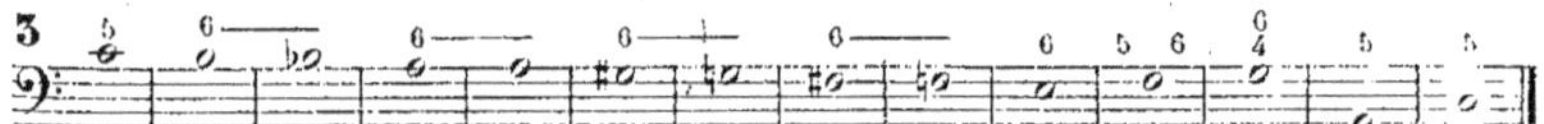

Avec des Notes de passage.

(*) Cette Chromatique de passage est ici praticable car elle forme avec les notes dont elle est accompagnée une aggrégation produisant un véritable accord que nous étudierons bientôt. (le 2ᵉ Renversement de l'accord de 7ᵉ diminuée)

etc.

etc.

La même à Quatre parties.

etc.

D'une autre manière.

etc.

5
etc.
etc.
La même d'une autre manière.
6
etc.
Avec des Notes de passage.
etc.
7
à Quatre parties.

8

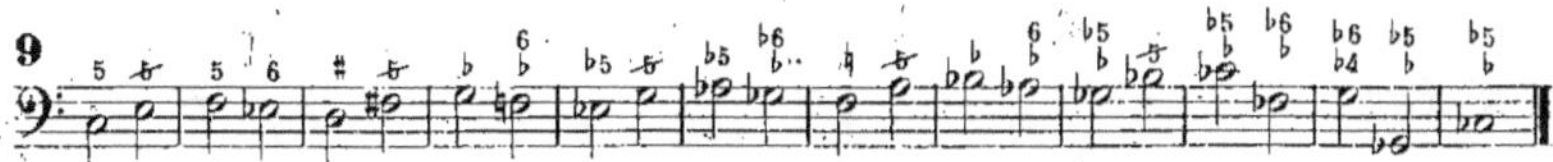

9

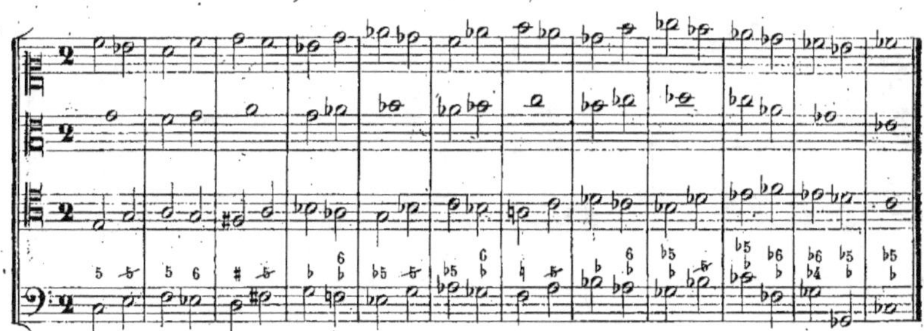

10

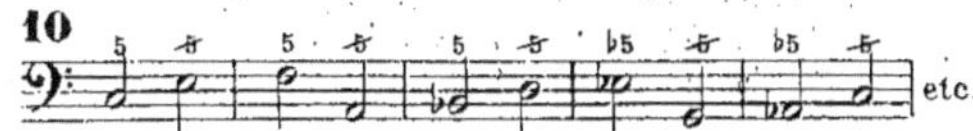

à Cinq parties avec des Notes de passage.

etc.

11

La même suite avec une autre harmonie.

12

Avec des Notes de passage.

etc.

Avec des Notes de passage.

14

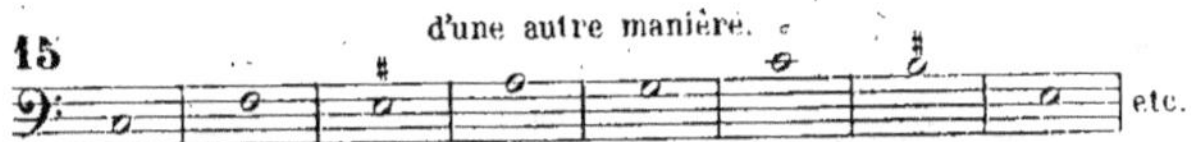

15 d'une autre manière.

Avec des Notes de passage.
etc.
etc.
16
Avec des Notes de passage.

17
etc.
etc.
18

19
20
Avec des Notes de passage.
En modulant enharmoniquement.
21

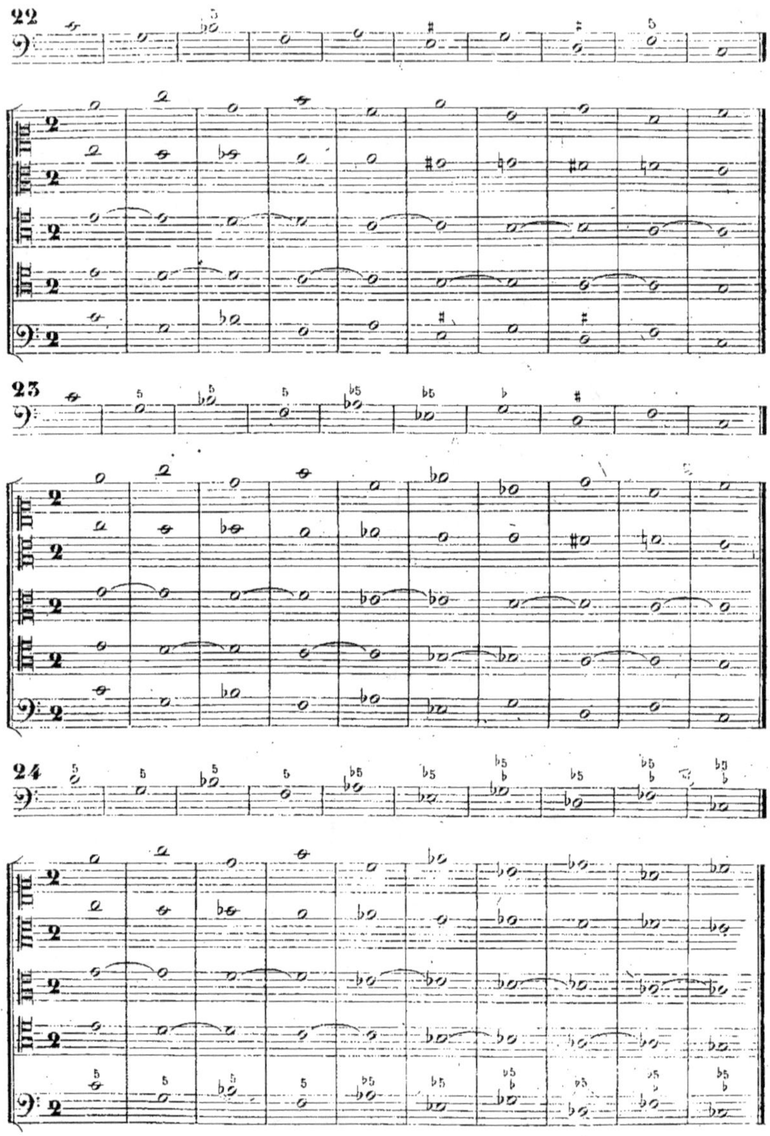

Ces exemples suffiront pour donner une idée exacte des marches soit *unitoni-ques* soit *modulantes;* ils fourniront à l'élève le moyen de trouver facilement d'autres combinaisons et de les réaliser d'une manière convenable.

LEÇON POUR L'EMPLOI DES MARCHES MODULANTES.

NOTA. Désormais nous emploierons les notes de passage quand elles se présenteront naturellement dans la réalisation de l'harmonie, l'élève devant savoir maintenant les reconnaître et les employer avec facilité.

N° 21.

FIN DE LA PREMIÈRE PARTIE.

DEUXIÈME PARTIE.

HARMONIE DISSONANTE.

PREMIÈRE DIVISION

DISSONANCES NATURELLES

LEÇON POUR L'EMPLOI DE L'ACCORD DE 7ᵉ DE DOMINANTE.
(résolution naturelle)

N.º 22.

N.º 23.
Basse
donnée.
N.º 24.
Chant
donné.

Leçons pour l'emploi du 4e renversement de l'accord de 7e de dominante,
l'acc:de 6te et 5te diminuée.

N° 25.

N.° 26.
Chant
donné.

Leçons pour l'emploi du 2ᵉ renversement de l'acc: de 7ᵉ de dominante,
l'acc: de Sixte sensible.

Nº 27.

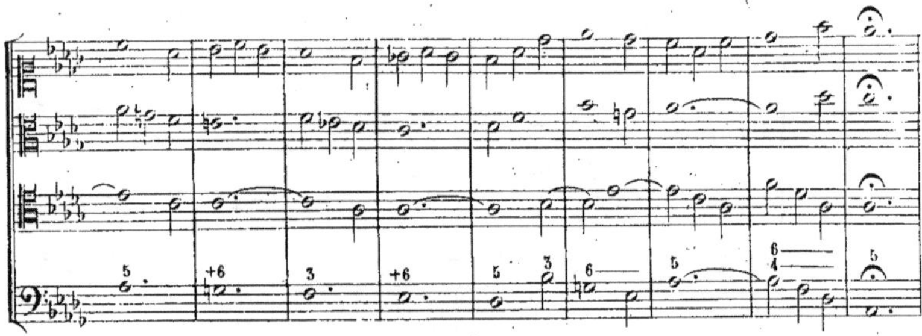

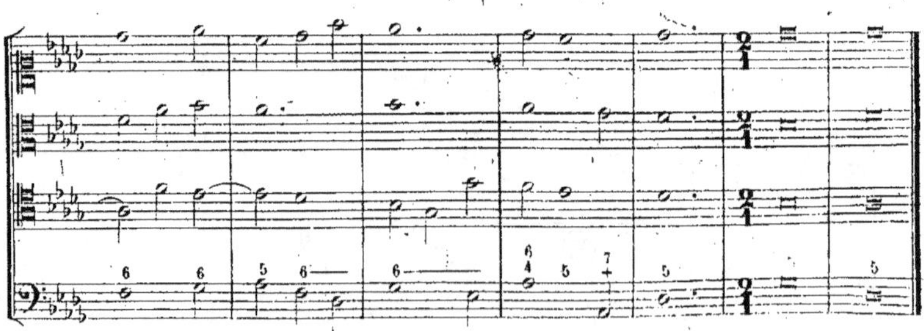

N.° 28.

Leçons pour l'emploi du 3^e Renversement de l'accord de 7^e de dominante,
l'accord de Triton.

N.° 29.

N.ʳ 30.
Chant donné.

LEÇONS POUR LE RETARD DE LA RÉSOLUTION DE L'ACCORD DE 7ᵉ DE DOMINANTE
et de ses renversements
en passant de l'un à l'autre.

Nᵒ 31.

Basse
donnée.

NOTA. Nous nous abstenons de réaliser l'harmonie des marches fournies par l'accord de 7⁰ de dominante dont la Basse chiffrée se trouve au 1ʳ vol. page 149 et suiv. Les ex. étendus que nous avons donnés sur les marches consonnantes suffisent amplement pour guider l'élève dans la réalisation de celles-ci.

LEÇONS POUR L'EMPLOI DES RÉSOLUTIONS ÉVITÉES ET DES MARCHES HARMONIQUES

fournies par l'accord de 7⁰ de dominante

et ses renversements.

N.º 32.

N.º **33.**

LEÇONS POUR L'EMPLOI DE L'ACCORD DE 9ᵉ DE DOMINANTE

(dans les deux modes)

N.º 34.

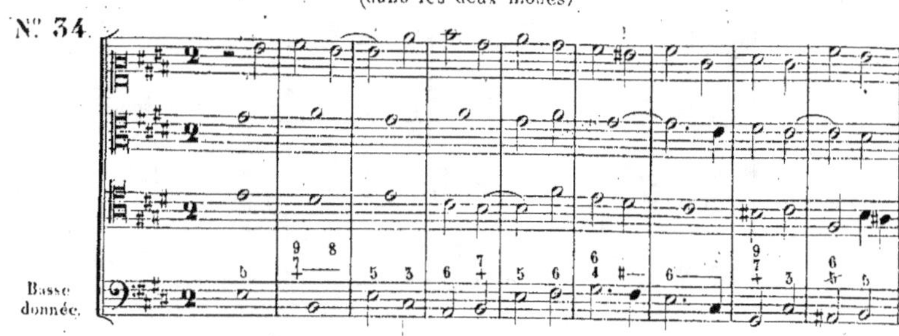

N.º 35.

Chant donné.

LEÇONS POUR L'EMPLOI DE L'ACCORD DE 7ᵉ DE SENSIBLE
de l'un et l'autre modes.

N.º 36.

N.º 37.

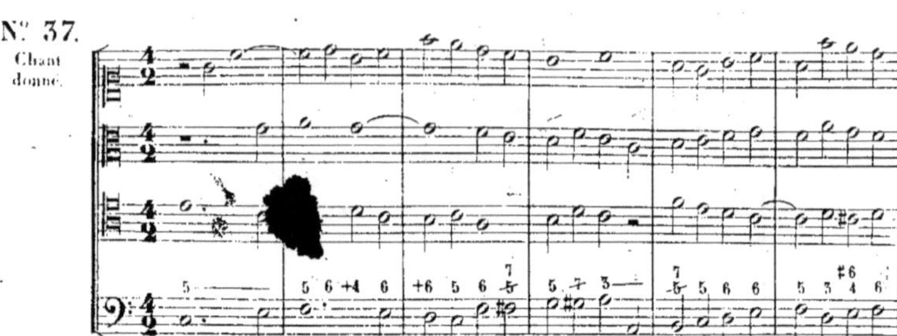

Leçons pour l'emploi du 1ᵉʳ Renversement de l'accord de 7ᵉ de sensible
de l'un et de l'autre mode.

N.º 38.

No 39.
Chant
donné.

Leçons pour l'emploi du 2ᵉ Renversement de l'accord de 7ᵉ de sensible
dans les deux modes.

N.° 40.

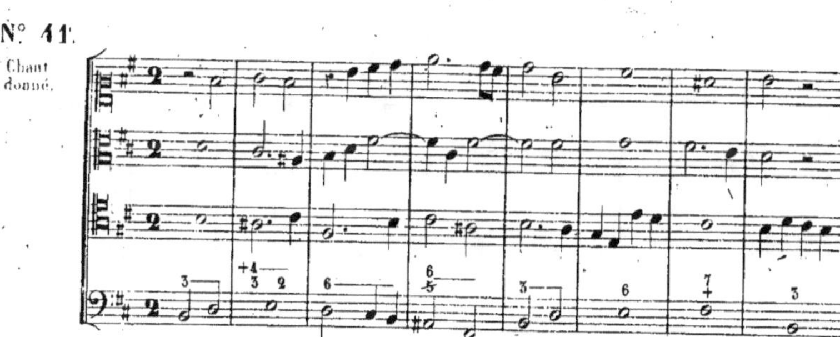

N.° 41.

Leçons pour l'emploi du 3ᵉ Renversement de l'accord de 7ᵉ de sensible
dans les deux modes.

Nᵒ 42.

N.º 43.
Chant
donné.

LEÇON POUR LE RETARD DE LA RÉSOLUTION DE L'ACCORD DE 7ᵉ DE SENSIBLE
et de ses renversements
en passant de l'un à l'autre.

Nᵒ 44.

NOTA. La Basse chiffrée des Marches harmoniques produites par les accords de 7ᶜ de sensible se trouve au 1ᵉʳ volume page 172 et suivantes.

Nous n'avons pas réalisé l'harmonie de ces marches par la raison indiquée ci devant au sujet des marches harmoniques fournies par l'accord de 7ᶜ de dominante.

LEÇONS POUR L'EMPLOI DES RÉSOLUTIONS ÉVITÉES ET DES MARCHES HARMONIQUES
fournies par les accords de 7ᵉ de sensible
de l'un et de l'autre mode.

N.º 45.

N.° 46.
Chant donné.

LEÇONS POUR L'EMPLOI DES ACCORDS DE 7ᵉ DE DOMINANTE ET DE 7ᵉ DE SENSIBLE SUR LA TONIQUE.

(accords de 11ᵉ et de 13ᵉ de tonique).

N° 47.

N.º 48.
Chant
donné.
Moderato.

DEUXIÈME DIVISION.

DISSONANCES ARTIFICIELLES.

LEÇONS POUR L'EMPLOI DE L'ACCORD DE 7ᵉ
(artificiel).

N° 50.
Chant
donné.

LEÇONS POUR L'EMPLOI DU 1ᵉʳ RENVERSEMENT.

(l'accord de Quinte et Sixte).

Nᵒ 51.

Basse donnée.

Nᵒ 52.

Chant donné.

LEÇONS POUR L'EMPLOI DU 3ᵉ RENVERSEMENT.
(l'accord de Seconde).

Nᵒ 53.

N.º 54.
Chant
donné.

RETARD DE LA FONDAMENTALE DANS LES ACCORDS CONSONNANTS.

produisant l'accord de *seconde et quarte* et ses renversements.

MARCHES.

La 6te retardée simultanément par la 7e et par la 5te

La même suite avec la 7e dans chaque mesure.

La même à 4 parties.

ou mieux de la manière suivante:

La marche précédente avec des Notes de passage.

etc

La même marche à Trois temps.

La même suite dont les parties sont disposées différemment.

La même avec des Notes de passage.

La même avec des Notes de passage.

La même marche à 5 parties.

Avec des Notes de passage.

etc

La même à 4 parties.

La même suite avec la 7e dans chaque mesure.

La même marche à 4 parties.

Avec des Notes de passage.

LEÇONS POUR L'EMPLOI DU RETARD DE LA FONDAMENTALE
DANS LES ACCORDS CONSONNANTS.

N.º 56.
Chant
donné.

RETARD DE LA TIERCE DE LA FONDAMENTALE DANS LES ACCORDS CONSONNANTS

(produisant l'accord de *quarte et quinte* et ses renversements)

MARCHES.

ou bien:

La même marche à 4 parties.

Autre disposition des parties.

ou bien:

Avec des Notes de passage.

La même marche à 5 parties.

La même marche, à 5 parties.

La même marche modulant.

ou bien:

La même marche à 4 parties.

La même à 4 parties.

La même marche modulant.

ou bien:

LEÇONS POUR L'EMPLOI DU RETARD DE LA TIERCE DE LA FONDAMENTALE
DANS LES ACCORDS CONSONNANTS.

N.° 57.

N.º 58.

Chant
donné.

N.° 59.
Basse donnée.

N.º 60.
Chant
donné.

RETARD DE L'OCTAVE DE LA FONDAMENTALE DANS LES ACCORDS CONSONNANTS.

MARCHES.

La même marche à 5 parties.

La même marche à 6 parties.

D'une autre manière.

La même à Sept parties.

La même à Huit parties.

La même marche à 5 parties.

La même marche avec des Notes de passage à la Basse.

— 136 —
LEÇONS POUR L'EMPLOI DU RETARD DE L'OCTAVE DE LA FONDAMENTALE
DANS LES ACCORDS CONSONNANTS.
N.º 61.
Basse
donnée.

N.º 62.
Chant
donné.

RETARD DES NOTES INTÉGRANTES DANS L'HARMONIE DISSONANTE NATURELLE.

RETARD DE LA TIERCE DE LA FONDAMENTALE DANS L'ACC. DE 7ᵉ DE DOMIN. ET SES RENVERSEMENTS.

MARCHES.

LEÇONS POUR L'EMPLOI DU RETARD DE LA 5ᵗᵉ DE LA FONDAMENTALE
DANS L'ACCORD DE 7ᵉ DE DOMINANTE ET SES RENVERSEMᵗˢ.

Nº 63.

N.º 64.
Andantino.
Chant
donné.

LEÇON POUR L'EMPLOI DES RETARDS DANS LES ACC. DE 9ᵉˢ DE DOMINANTE ET SEPTIÈMES DE SENSIBLE,
et des autres Retards indiqués précédemment.

Les notes placées sous cette leçon donnent l'analyse des retards qu'elle contient. On y verra employés tous ceux, à peu près, qu'on peut introduire dans l'harmonie dissonante naturelle.

Nᵒ 65.

ANALYSE DES AGRÉGATIONS

FOURNIES PAR LES RETARDS

CONTENUS DANS LA LEÇON PRÉCÉDENTE.

RETARDS dans l'harmonie consonnante.	*RETARDS* dans l'harmonie dissonante naturelle.
1	Retard de la note sensible dans le 2ᵉ renversement de l'acc. de 7ᵉ diminuée.
2	——— de la 3ᶜᵉ de la sensible dans l'acc. de 7ᵉ diminuée.
3	——— de la note sensible dans l'acc. de 7ᵉ diminuée.
4	——— de la note sensible dans l'acc. de 7ᵉ de sensible du mode majeur.
5 Retard de l'8ᵛᵉ de la fondamentale dans l'acc. parfait.	
6 ——— de la fondamentale dans le 2ᵉ renversement de l'acc. parfait.	
7	Retard de la 3ᶜᵉ de la fondamᵃˡᵉ dans l'acc. de 7ᵉ de dominante.
8	——— de la 5ᵗᵉ de la fondamᵃˡᵉ dans le 3ᵉ renversemᵗ de l'acc. de 7ᵉ de domin.
9	——— de la 3ᶜᵉ de la sensible dans le 2ᵐᵉ renversemᵗ de l'acc. de 7ᵉ diminuée.
10	——— de la 5ᵗᵉ de la sensible dans l'acc. de 7ᵉ diminuée.
11 Retard de la 3ᶜᵉ de la fondamᵃˡᵉ dans l'acc. parfait.	
12	Retard de la 3ᶜᵉ de la fondamᵃˡᵉ dans l'acc. de 9ᵉ de dominante.
13	——— de la 5ᵗᵉ de la sensible dans l'acc. de 7ᵉ de sensible mode majeur.
14	——— de la 5ᵗᵉ de la fondamˢˡ dans l'acc. de 7ᵉ de dominante.
15	——— de la 5ᵗᵉ de la sensible dans le 1ᵉʳ renversemᵗ de l'acc. de 7ᵉ diminuée.
16 Retard de l'8ᵛᵉ de la Basse dans le 1ᵉʳ renversᵗ de l'acc. parfait.	
17 ——— de l'8ᵛᵉ de la Basse dans le 2ᵉ renversᵗ de l'acc. parfait.	
18 ——— de la fondamᵃˡᵉ dans le 1ᵉʳ renversemᵗ de l'acc. parfait.	

MARCHES DE DISSONANCES ARTIFICIELLES SIMULTANÉES.

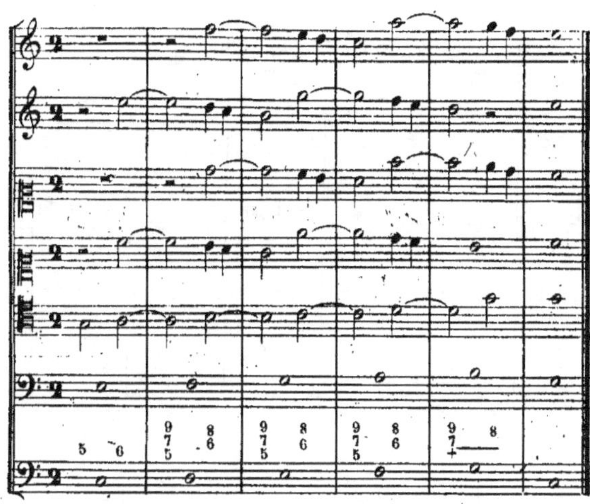

La même marche à 5 parties.

Doubles Retards à résolution successive.

La même marche à 4 parties.

LEÇON POUR L'EMPLOI DES RETARDS SIMULTANÉS.

On devra analyser les agrégations produites par les retards contenus dans cette leçon comme nous l'avons fait à l'égard de la leçon précédente.

TROISIÈME DIVISION.

ARTIFICES HARMONIQUES
PRODUISANT DE NOUVELLES AGRÉGATIONS.

LES ALTÉRATIONS. —— LES PÉDALES.

LEÇONS POUR L'EMPLOI DES ALTÉRATIONS.

On devra analyser les agrégations formées par les *altérations* contenues dans cette leçon. L'on procédera à ce travail d'analyse de la même manière qu'on a dû le faire à l'égard des *retards*: c'est-à-dire qu'on se rendra compte de l'harmonie en rétablissant l'accord dans son état naturel. Il sera facile alors d'indiquer le N° du Tableau des Altérations (voir 1er vol. page 222) où chacune de ces agrégations doit être classée.

N.° 67.

Basse donnée.

N.° 68. Allegro.

altér.
altér.
altér.
altér.
altér.
altér.

N.º 69.
Chant
donné.

Andante.

altér.
altér.
altér.
altér.

altér.
altér.
altér.

altér.
altér.
altér.
altér.

altér.
altér.
altér.
altér.

LEÇONS POUR L'EMPLOI DES PÉDALES.

pp
Ped.

Nᵒ 71
Ped.
Ped.
Basse
donnée.
Ped.
Ped.
Ped.
Ped.
Ped.
Ped.
Ped.
Ped.
Ped.

Ped.
Ped.
Ped.
5   6   +6   ♮6   3   5   7   5   +7   7   ♭6♭4   5   ♭6   ♭   +7   ♭   +4
    4   4   +   ♮4   4   ♭
                                                  2
Ped.
♯6   ♯5   7   6   ♯   8   7   3   7   6
4   4   ♭   ♯2   ♭
Ped.
Ped.
5   8   7   5   7   6   ♭   6   6   +6   ♯6   5
    2   +   ♭   5   ♮4   ♭   ♮5
Ped.
Ped.

N° 72.
Chant
donné.

Ped.
5
+6
5
6
7
+
5
6
4
3
7
+
6
4
5
6
4
6
5
6
5
Ped.
Ped.
#
+7

FIN DE LA DEUXIÈME PARTIE.

TROISIÈME PARTIE.

ARTIFICES MÉLODIQUES.

(NOTES ÉTRANGÈRES À L'HARMONIE).

LEÇON POUR L'EMPLOI DES ARTIFICES MÉLODIQUES

Cette leçon suffit pour donner une idée exacte de l'emploi de ces artifices. Les leçons suivantes sur *l'ensemble du cours d'étude* fourniront fréquemment l'occasion de les pratiquer.

FIN DE LA TROISIÈME PARTIE.

LEÇONS SUR L'ENSEMBLE DU COURS D'ÉTUDE.

NOTA. La plupart des leçons suivantes ont été données pour les Examens ou les Concours du Conservatoire de Paris.

LEÇON D'EXAMEN.

LEÇON D'EXAMEN.

Nº 75.

B
A par diminution
A
A
A
C
C
A
Leçon faite par Mr E. DURAND.
élève de Mr Bazin.

N° 76.
Cantabile.
Pédale intérieure de tonique.
Basse
donnée.
(MATTEÏ)

Ped. sup. de ton.
Im. A
Ped. inter. de tonique.
Im. A
ritard.
ritard.
ritard.
ritard.
Leçon faite par Mr Charles ESCHBORN
élève de Mr Bazin.
N.° 77.
Chant
donné.
(CHERUBINI)
Allegro.
Im. A

LEÇON D'EXAMEN.

Basse et Chant donnés. (A. SAVARD)

N.° 78.   Allegretto.

Chant donné.

CONCOURS DE 18..

1ᵉʳ Prix d'Harmonie remporté à l'unanimité par Mᵉ F. LE COUPPEY.

N.° 79.

CONCOURS DE 18..

1er Prix d'Harmonie remporté par M. AMBROISE THOMAS.

N° 80.

Même Concours.

N.º 81.
(Chant
donné.)

CONCOURS DE 18..
1er Prix d'Harmonie remporté à l'unanimité par Mr F. BAZIN.
No 82.
Basse
donnée.

N.° 83.
Chant
donné.

CONCOURS DE 1837.

1er Prix remporté à l'unanimité par Mr Edouard BATISTE.

N.º 84.

Même Concours
N.º 85.
Chant
donné.

LEÇONS COMPOSÉES SUR UN SUJET DONNÉ.

Sujet donné.

Nº 86.

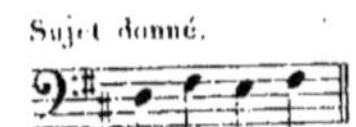

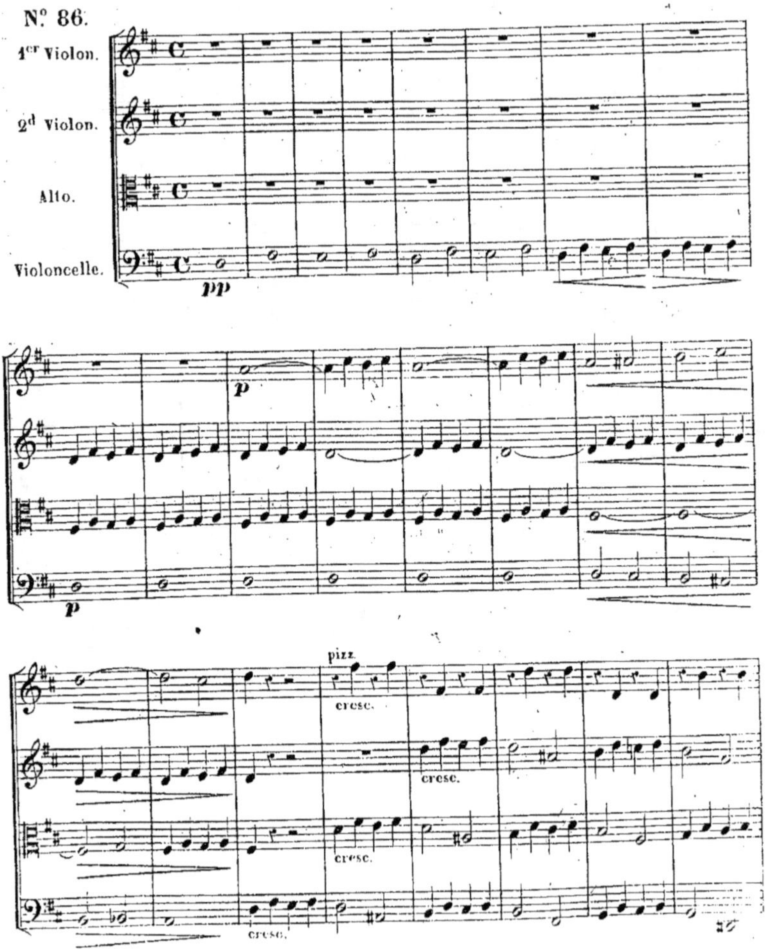
1er Violon.
2d Violon.
Alto.
Violoncelle.
pp
p
p
pizz.
cresc.
cresc.
cresc.
cresc.

p
p
p
p
p
p
tr
tr
tr
cresc.
cresc.
cresc.
cresc.

ff
f
ff
f
ff
f
ff
dim.
dim.
dim.
dim.
p
p e morendo.
pp
p e morendo.
J. DUPRATO.
élève de MM LE COUPPEY et SAVARD.
Sujet donné.
BERTON (Virginie)
Nº 87.
Basse
donnée.

Nous allons donner maintenant les leçons dont nous avons parlé au 1er vol. page 285. Ces leçons, inédites et spécialement consacrées à notre ouvrage, sont entièrement écrites par les auteurs dont elles portent le nom.

Rappelons que nous avons suivi, dans la classification de ces leçons, l'ordre alphabétique des noms d'auteurs.

E. BATISTE.

N.º 88. Allegretto.

N.º 89.
Chant
donné.
E. BATISTE.

F. BAZIN.

N.º 90.
Chant
donné.

Andantino.

V. DOURLEN.

N.º 91.

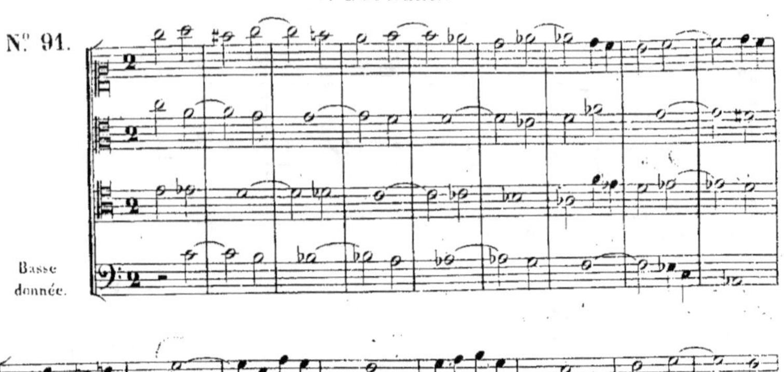

J. DUPRATO.

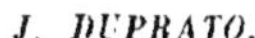

N.º 92.

Largo.

Allegro.
J. DUPRATO.
(Style instrumental)
N.º 93.
Chant donné.
1er Violon.
2d Violon.
Alto.
Violoncelle.

pizz.
arco.
pizz.
arco.
pizz.
arco.
pizz.
arco.

pizz.
pizz.
pizz.
pizz.

A. LE BORNE.

N.º 95. Moderato.   A. LE BORNE.

Chant
donné.

cres.
cres.
cres.
cres.

F. LE COUPPEY.

N.º 96.
Chant
donné.

N.º 96.
(Style moderne).

A. PANSERON.

N.º 97.

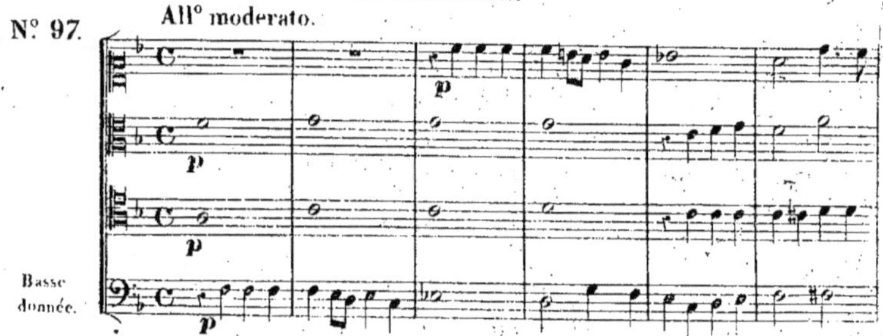

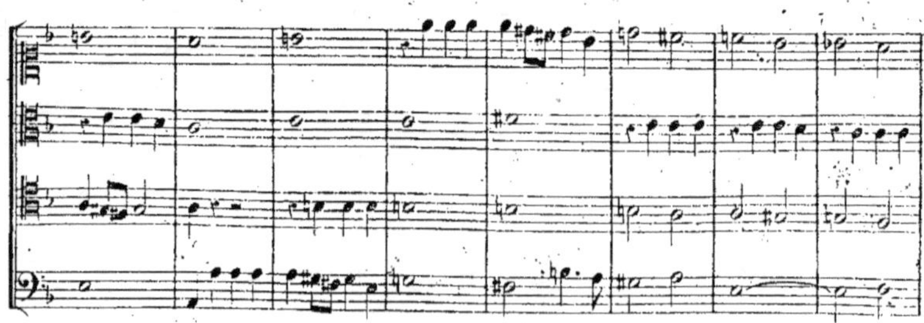

ZIMMERMAN.
Nº 98.
Chant
donné.
Nº 99.
Basse
donnée.

MÉLODIE DANS LE STYLE MODERNE
accompagnée par le PIANO.

MARMONTEL.

N.º 100. Moderato.

PIANO.

f risoluto.

Animato
FIN.
L. PARENT grav. imp. rue Rochechouart 35 Paris.